# Einfach richtig schreiben
## mit Clown Charlie

**1**

Erarbeitet von
Dr. Ute Spiegel, Augsburg

Beratung von
Beate Eckert-Kalthoff, München
Dr. Simone Hell, Ulm

Ernst Klett Verlag
Stuttgart · Leipzig

# Themen/Inhalte

☀ ◇1 Spure nach. Verbinde den großen und den kleinen Buchstaben.

☀ ◇2 Markiere die Sonnenbuchstaben **a**, **e**, **i**, **o**, **u**.

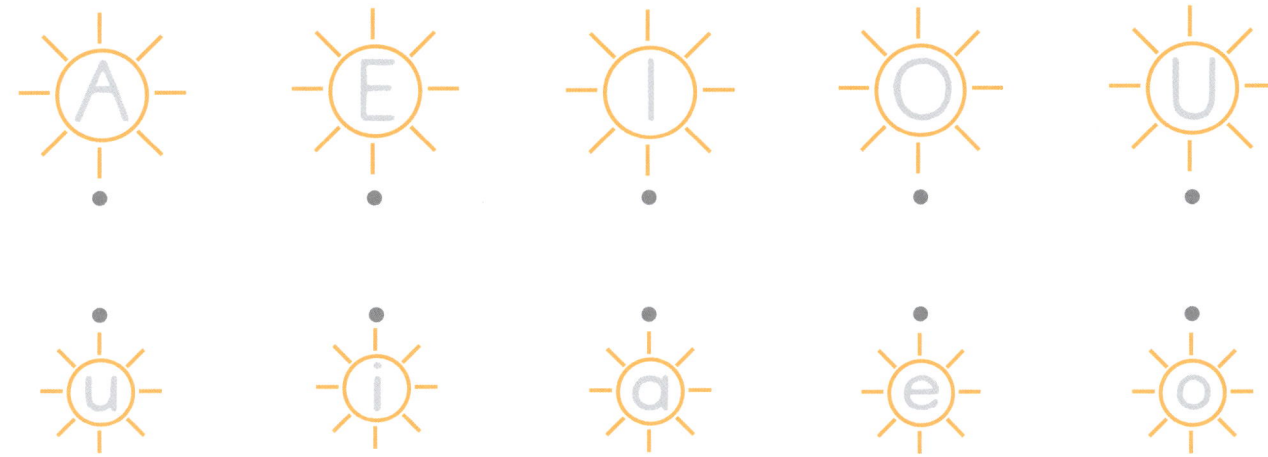

| Dose | Ente | Blume | Kiste | Tante |

 ◇3 Spure die Sonnenbuchstaben nach und schreibe sie auf.

A E I O U a e i o u A E I O U a e i o u

Vokale a, e, i, o, u als wichtige Buchstaben („Sonnenbuchstaben") in Vorbereitung auf ihre Funktion als Silbenkern
kennenlernen und schreiben

3

## Silben: Silbenbögen

Schul
1. Silbe

-ran
2. Silbe

-zen
3. Silbe

**1** Setze die Silbenbögen.

**2** Setze die Silbenbögen und schreibe die Wörter auf.

**3** Markiere in Aufgabe 2 die Sonnenbuchstaben: **Tasche.**

**4** Wähle fünf Wörter aus Aufgabe 1 und schreibe sie auf.
Setze die Silbenbögen.

Silbenbögen unter ein Bild setzen als Arbeitstechnik einführen: silbisch sprechen und sich dazu bewegen; Vokale erkennen
und markieren

 **1** Markiere die Sonnenbuchstaben.
Zähle pro Wort: Silbenbögen und Sonnenbuchstaben.

### Wal

Silben: 1

☀: 1

### Rabe

Silben: _____

☀: _____

### Krokodil

Silben: _____

☀: _____

 **2** Was fällt euch auf?

In jeder Silbe ist ein Sonnenbuchstabe. Er heißt Vokal:

**Hut,**  **Hase,** 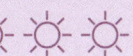 **Zitrone.**

 **3** Setze die Silbenbögen. Markiere die Vokale.
Zähle pro Wort: Silbenbögen und Vokale.

### Schaf

Silben: _____

☀: _____

### Ente

Silben: _____

☀: _____

### Regenwurm

Silben: _____

☀: _____

Vokale („Sonnenbuchstaben") in ihrer Funktion als Silbenkern erkennen (Ko-Konstruktion); Routine: Silbenbögen setzen, Vokale markieren

**1 Verbinde.**

**2 Setze die Silbenbögen und schreibe die Wörter auf.**

**3 Markiert in den Wörtern aus Aufgabe 2 die Vokale.**
**Was fällt euch auf?**

**4 Schreibe die Wörter aus Aufgabe 1 auf. Setze die Silbenbögen.**

Mau se loch

die zwei Buchstaben des Zwielautes Au/au als Silbenkern erkennen (Ko-Konstruktion); Silbenbögen unter ein Wort setzen als Arbeitstechnik einführen und festigen; Routine: Vokale markieren

**1** Verbinde.

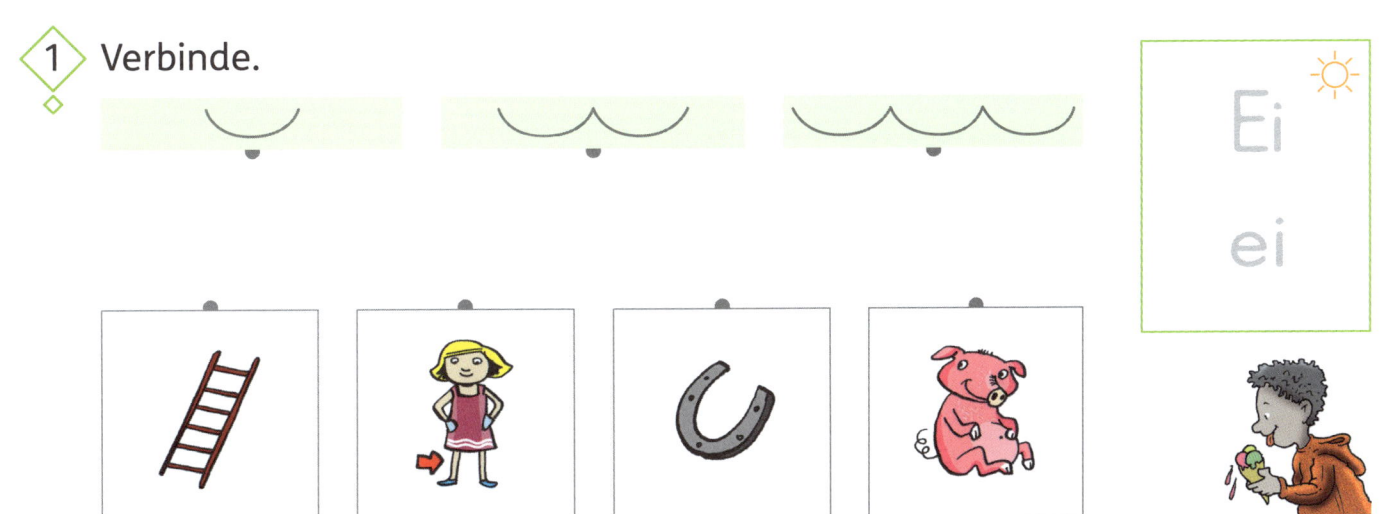

**2** Setze die Silbenbögen und schreibe die Wörter auf.

**3** Markiert in den Wörtern aus Aufgabe 2 die Vokale.
Was fällt euch auf?

**4** Spure die Wörter nach und schreibe sie auf. Setze die Silbenbögen.

ein, eine, ein, eine, ein, eine

die zwei Buchstaben des Zwielautes Ei/ei als Silbenkern erkennen (Ko-Konstruktion); die Artikel *ein* und *eine* sicher schreiben;
Routine: Silbenbögen setzen, Vokale markieren

7

**1** Verbinde.

Eu
eu

**2** Setzt die Silbenbögen und markiert die Vokale.
Was fällt euch auf?

 Beule

 neun

 Keule

 Turnbeutel

 Vogelscheuche

 Schlagzeug

**Au, ei, eu** gehören fest zusammen:

*Au*to,

*Sei*fe,

*Eu*ro.

**3** Findet Reimwörter zu Wörtern aus Aufgabe 1 und 2.
Tauscht euch in der Klasse aus.

die zwei Buchstaben des Zwielautes Eu/eu als Silbenkern erkennen (Ko-Konstruktion); Reimwörter zu Wörtern mit Eu/eu finden und schreiben; Routine: Silbenbögen setzen, Vokale markieren

# Test 1: Vokale und Silben

**1** Welche Vokale kennst du? Schreibe sie auf.

**2** Setze die Silbenbögen und schreibe die Wörter auf.

**3** Markiere in den Wörtern aus Aufgabe 2 die Vokale.

| Ich kann schon ... | ja | nein | So will ich noch üben |
|---|---|---|---|
| ... die Vokale erkennen und schreiben. | ☐ | ☐ | S. 10 ①, ② und ③; ②̄ |
| ... die Silbenbögen setzen. | ☐ | ☐ | ①̄ |
| ... alles! | ☺ | | S. 10 ④ |

Überprüfen und Einschätzen des eigenen Lernerfolges zu: Vokalen, Zwielauten und Silben; angemessene Lern- und Übungsziele setzen: über Lernen sprechen

## Weiterüben nach Test 1

1 Spure jeden Vokal dreimal in deiner Lieblingsfarbe nach.

A     E     I     O     U

a     e     i     o     u

2 Markiere die Vokale.

| Kiste | Fotobuch | Auge | Keule |

3 Ergänze die Vokale.

H__s

H__s

__m__

Sch__l

T__m__t

4 Finde zu  und  aus Aufgabe 3 Reimwörter. Schreibe sie auf.

Vertiefendes Üben zu: Vokalen und Zwielauten sowie Silben

# Silben: Offene und geschlossene erste Silbe

 **1** Sprecht und vergleicht:
Wie klingen die Vokale in der jeweils ersten Silbe?

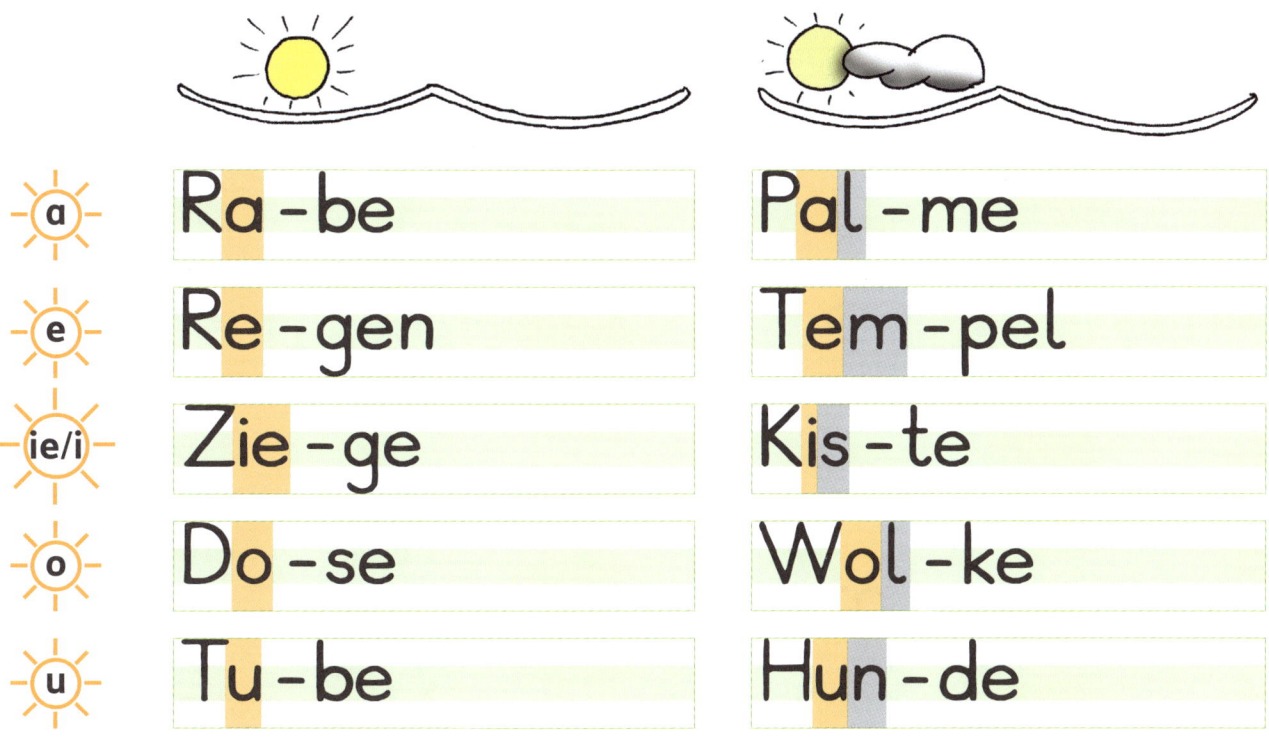

| | |
|---|---|
| a | **Ra-be** |
| e | **Re-gen** |
| ie/i | **Zie-ge** |
| o | **Do-se** |
| u | **Tu-be** |

| |
|---|
| **Pal-me** |
| **Tem-pel** |
| **Kis-te** |
| **Wol-ke** |
| **Hun-de** |

 **2** Setzt die Silbenbögen in den Wörtern aus Aufgabe 1: .
Was fällt euch auf?

> Steht der Vokal am Ende der ersten Silbe,
> klingt er lang und deutlich: *Tu-be*.
> Steht der Vokal in der Mitte der ersten Silbe,
> klingt er kurz und undeutlich: *Hun-de*.

Klangunterschiede der Vokale wahrnehmen; deren regelmäßiges Vorkommen in offener und geschlossener erster Silbe erkennen; sich über unterschiedliche Klangwahrnehmungen austauschen (Ko-Konstruktion)

11

# Silben: Übungen zur Vokalqualität

1 Sprich und ordne die Bilder den Wörtern zu.

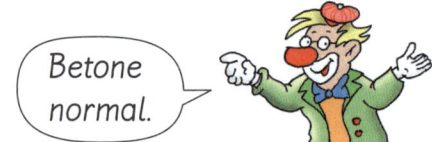

Betone normal.

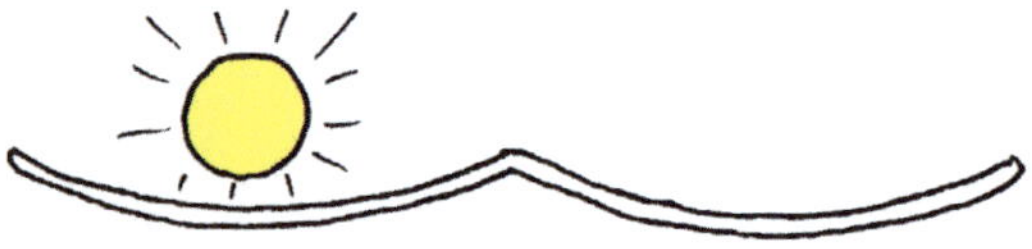

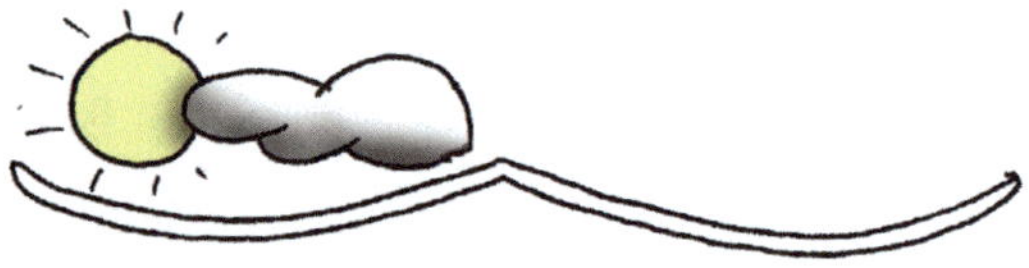

a

Ra-be

Pal-me

e

Re-gen

Tem-pel

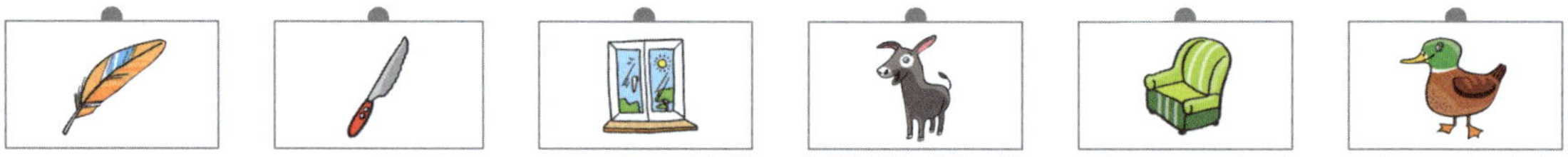

ie/i

Zie-ge

Kis-te

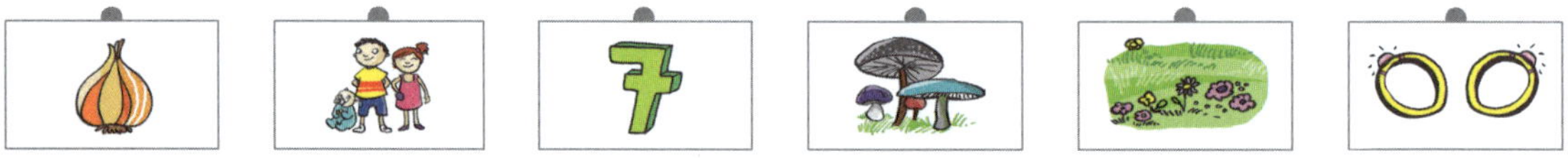

o

Do-se

Wol-ke

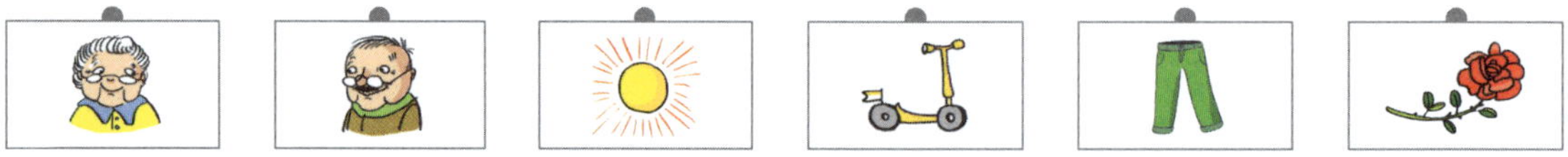

u

Tu-be

Hun-de

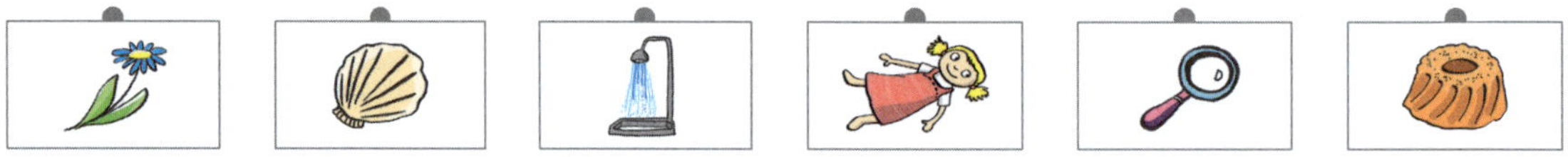

Üben: Klangunterschiede der Vokale wahrnehmen; deren regelmäßiges Vorkommen in offener und geschlossener Silbe erkennen

**1** Lies und verbinde.

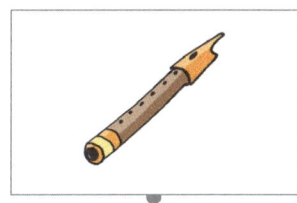   

| Wespe | Flöte | Geige | Maske |

 **2** Setze die Silbenbögen. Spure jede zweite Silbe nach.

# Wespe, Flöte, Geige, Maske

 **3** Markiert in jeder zweiten Silbe aus Aufgabe 2 den Vokal.
Was fällt euch auf?

**4** Was hast du herausgefunden? Kreuze an.

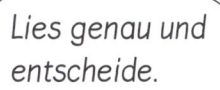 *Lies genau und entscheide.*

☐ Die zweite Silbe hat zwei Buchstaben.
☐ Die zweite Silbe beginnt mit einem **e**.
☐ Die zweite Silbe endet mit einem **e**.

 **5** Schreibe die Wörter auf und setze die Silbenbögen.
Markiere in jeder zweiten Silbe den Vokal.

regelmäßigen Aufbau der zweiten Silbe erkennen: -e; sich mit dem Partner über Entdeckungen austauschen (Ko-Konstruktion); Routine: Silbenbögen setzen, Vokale markieren

**1** Lies und verbinde.

| Amsel | Schnabel | Gabel | Ampel |

 **2** Setze die Silbenbögen. Spure jede zweite Silbe nach.

Amsel, Schnabel, Gabel, Ampel

 **3** Markiert in jeder zweiten Silbe aus Aufgabe 2 den Vokal.
Was fällt euch auf?

**4** Was hast du herausgefunden? Kreuze an.

☐ Die zweite Silbe hat ein **e**.
☐ Die zweite Silbe hat drei Buchstaben.
☐ Die zweite Silbe endet mit **-el**.

*Vergiss nicht das e in der zweiten Silbe!*

 **5** Schreibe die Wörter auf und setze die Silbenbögen.
Markiere in jeder zweiten Silbe den Vokal.

regelmäßigen Aufbau der zweiten Silbe erkennen: -el; sich mit dem Partner über Entdeckungen austauschen (Ko-Konstruktion);
Routine: Silbenbögen setzen, Vokale markieren

**1** Lies und verbinde.

| Daumen | Regen | Kuchen | Mädchen |

 **2** Setze die Silbenbögen. Spure jede zweite Silbe nach.

**Dau**men, **Re**gen, **Ku**chen, **Mäd**chen

 **3** Markiere in jeder zweiten Silbe aus Aufgabe 2 den Vokal.

 **4** Lies und verbinde.

| rechnen | lesen | schlafen | malen |

 **5** Schreibe die Wörter aus Aufgabe 4 auf. Setze die Silbenbögen und markiere in jeder zweiten Silbe den Vokal.

 **6** Vergleicht: Was haben die Wörter aus Aufgabe 2 und 5 gemeinsam? Worin unterscheiden sie sich?

regelmäßigen Aufbau der zweiten Silbe erkennen: -en; sich mit dem Partner über Entdeckungen austauschen (Ko-Konstruktion); vorbegrifflich auf Verben aufmerksam werden

## Test 2: Erste und zweite Silbe

**1** Setze die Silbenbögen und markiere alle Vokale.

| Blume | Feder | Rinde | Rose | Mund |

**2** Ordne die Wörter aus Aufgabe 1:
Wie klingt der Vokal in der jeweils ersten Silbe?

**3** Schreibe die Wörter auf und markiere in jeder zweiten Silbe den Vokal.

| Ich kann schon ... | ja | nein | So will ich noch üben |
|---|---|---|---|
| ... unterscheiden, ob der Vokal in der ersten Silbe in der Mitte oder am Ende steht. | ☐ | ☐ | S. 17 ①　und ②; ⑤ und ⑥ |
| ... das **e** in der zweiten Silbe. | ☐ | ☐ | S. 17 ③; ③ |
| ... alles! | | ☺ | ④ |

Überprüfen des eigenen Lernerfolges zu: Unterscheidung von Vokalqualität, vollständiger Verschriftung der zweiten Silbe; angemessene Lern- und Übungsziele setzen: über Lernen sprechen

**1** Spure die Vokale nach und setze die Silbenbögen.

Kuchen, Regen,

Hose, Tube,

Rabe, Gabel,

Dose, Feder,

Wiese, Nudel

*Den ersten Vokal kannst du bei diesen Wörtern deutlich hören.*

**2** Spure die Vokale nach und setze die Silbenbögen.

Palme, Kiste,

Maske, Ampel,

Wespe, Hunde,

Pilze, Pferde,

Mantel, Wolke

*Den ersten Vokal kannst du bei diesen Wörtern schwer hören.*

**3** Setze die Silbenbögen und markiere in jeder zweiten Silbe den Vokal.
Schreibe die Wörter auf.

| Dose | Gabel | Nudel | Tafel | Schaukel |
|------|-------|-------|-------|----------|
| Daumen | Besen | Kuchen | Nadel | Hose |

Vertiefendes Üben zu: Vokalqualität und vollständiger Verschriftung der zweiten Silbe mit -e, -el, -en am Wortende

## Nomen und Artikel

 Lies und verbinde.

| der Hase | das Schaf | die Raupe | die Ente |
|---|---|---|---|

| das Lama | der Löwe | der Rabe | das Kamel |
|---|---|---|---|

*Probiere auch* **7** *am Ende des Heftes.*

2 Ordne die Wörter aus Aufgabe 2.

| der | der Hase, |
|---|---|
| die | |
| das | |

Wenn **der**, **die** oder **das** zu einem Wort passt,
dann beginnt das Wort mit einem großen Buchstaben:
*der Baum, die Schule, das Kind.*

# Nomen: Einzahl und Mehrzahl

**1** Ergänze die Tabelle.

|  | ein/eine | viele |
|---|---|---|
| das Auto | ein Auto | viele Autos |
| die Dose | eine | viele |
| der Bub |  |  |
| die Kiste |  |  |
| das Zebra |  |  |

**2** Ordne die Tiere von Seite 18 nach: **ein/eine – viele**.

Schreibe so:  ein Hase – viele Hasen, ein …

die Einzahl und Mehrzahl von Nomen bilden; vorbegrifflich Artikel kennenlernen und anwenden;
dieses Vorgehen als Strategie kennenlernen

# Umlaut Ü/ü: Klangunterschiede

**1** Lies und verbinde.

| der Hut | die Bücher | der Bruder | die Nüsse |

Ü
ü

| die Brüder | die Nuss | die Hüte | das Buch |

**2** In welchen Wörtern hörst du ein **ü**? Kreuze an.

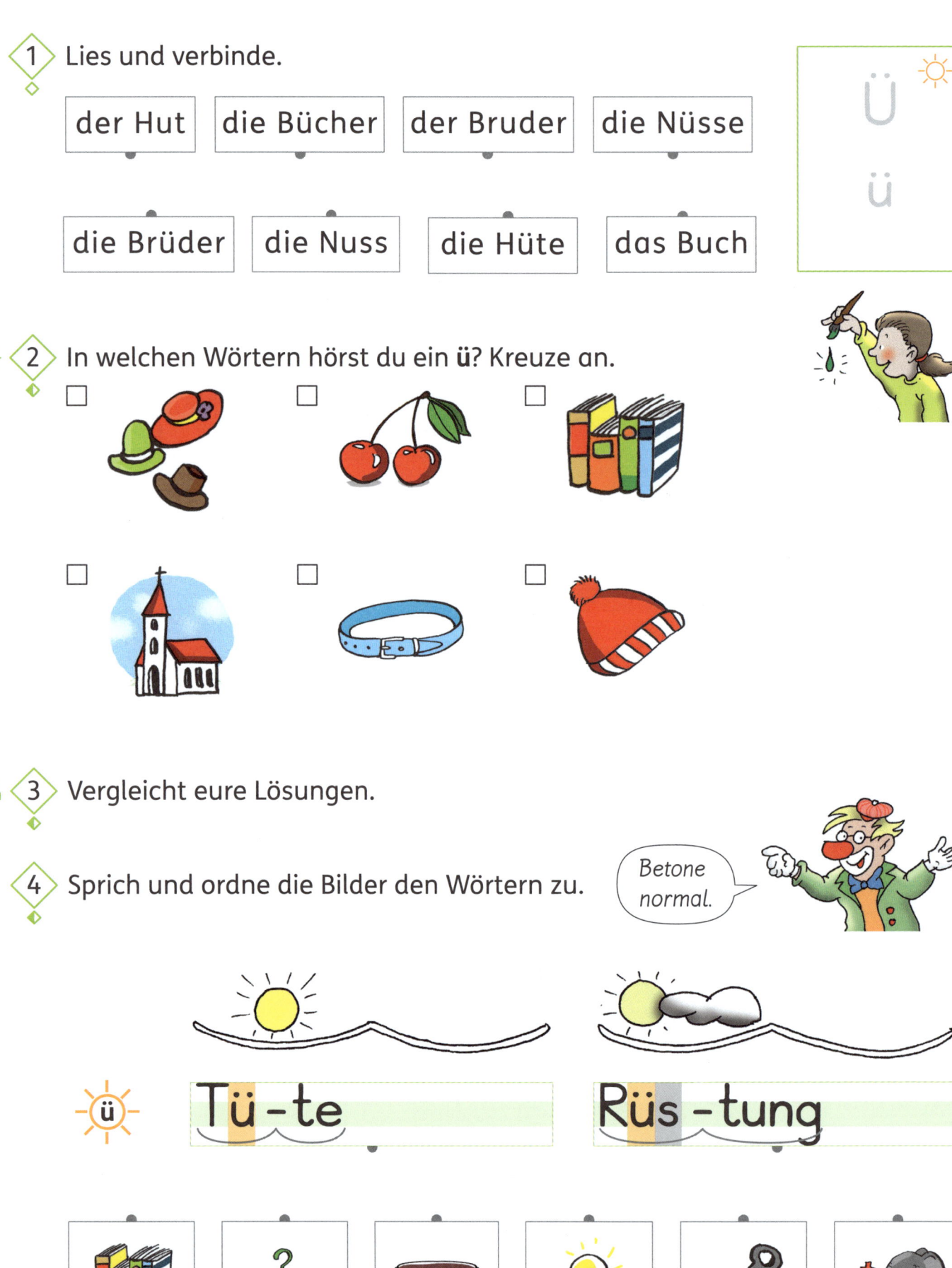

☐ ☐ ☐

☐ ☐ ☐

**3** Vergleicht eure Lösungen.

**4** Sprich und ordne die Bilder den Wörtern zu.

*Betone normal.*

ü    Tü-te        Rüs-tung

Einzahl und Mehrzahl sowie Artikel von Nomen wiederholen; ü-Laut differenzieren; Klangunterschiede des Umlautes ü wahrnehmen (Ko-Konstruktion)

## Umlaut Ö/ö: Klangunterschiede

**1** Lies und verbinde.

| der Wolf | die Hörner | der Frosch | die Köpfe |

Ö

ö

| das Horn | die Frösche | die Wölfe | der Kopf |

**2** In welchen Wörtern hörst du ein **ö**? Kreuze an.

☐　　　☐　　　☐

**3** Vergleicht eure Lösungen.

**4** Sprich und ordne die Bilder den Wörtern zu.

*Betone normal.*

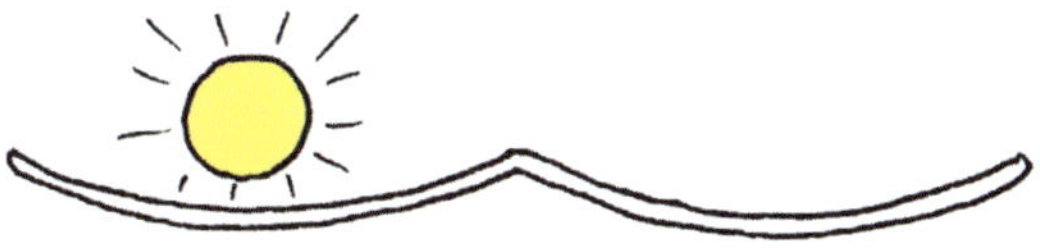

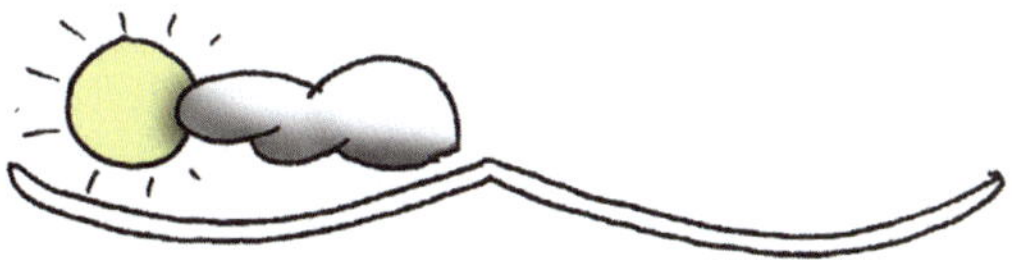

ö **Mö-we**　　**Löf-fel**

**5** Schreibe die Wörter aus Aufgabe 1 mit **ein/eine – viele** auf.

Schreibe so: **ein Wolf – viele Wölfe**.

Kennst du auch ein Wort mit **ö**, zu dem **eine** passt?

Einzahl und Mehrzahl sowie Artikel von Nomen wiederholen; ö-Laut differenzieren; Klangunterschiede des Umlautes ö wahrnehmen (Ko-Konstruktion)

21

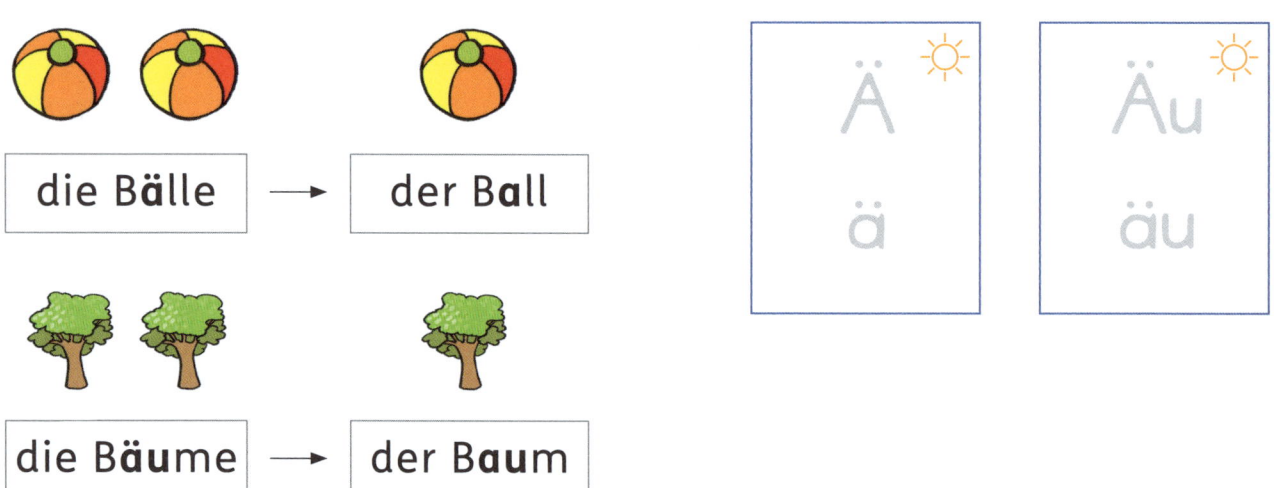

die Bälle → der Ball

die Bäume → der Baum

Ä/ä ☼

Äu/äu ☼

☼ **1** Markiere in jeder ersten Silbe die Vokale und zeichne die Pfeile.

| die **Ä**pfel | die Zäune | die Laus | die Gräser | die Maus |

| das Gras | die Mäuse | der Zaun | der **A**pfel | die Läuse |

> Zu einem Wort mit **Ä/ä** gehört sehr oft ein Wort mit **A/a,** zu einem Wort mit **Äu/äu** eines mit **Au/au**: *die Bälle – der Ball, die Häuser – das Haus.*

**2** Ordne die Wörter aus Aufgabe 1 nach: **ein/eine – viele**.

**ein**    ein Apfel – viele Äpfel,

**eine**

gleichen Wortstamm bei der Umlautung von A/a und Au/au erkennen, Verbindung zweier Wortformen als Strategie einführen; Einzahl und Mehrzahl sowie Artikel von Nomen wiederholen

## Wörter mit Sp/sp

**1** Spure **Sp/sp** nach.

sprechen, Gespenst, spielen,
Spinat, sparen, Sport,
Specht, Spaten, Spagat

„schp".

**2** Lies und kreise **Sp/sp** ein.

Mehmet und Lena sprechen über Sport.
Lena kann einen Spagat machen und
Springseil springen.
Tom spielt lieber Domino.

**3** Verbinde und setze die Silbenbögen.

   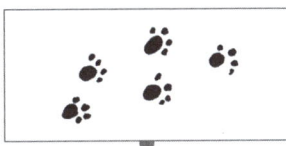

| Gespenst | Spur | Spardose | Spiegelei |

**4** Ordne die Wörter aus Aufgabe 3 nach: **1 Silbe**, **2 Silben**, **3 Silben**.

**5** Setze die Silbenbögen und schreibe die Wörter auf.

  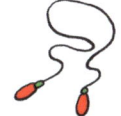 

Wörter mit Sp/sp aus dem Grundwortschatz richtig schreiben, Unterschied zwischen Schreibung und Lautung beachten;
Wörter nach Silbenanzahl ordnen; Routine: Silbenbögen setzen

23

# Wörter mit St/st

**1** Spure **St/st** nach.

Stein, Stern, Stunde, Stift,

steif, stumm, stehen,

staunen, Stufe, Stempel

St
st

„scht".

**2** Lies und kreise **St/st** ein.

Die Kinder steigen auf den Stein.
Sie stehen stumm da und staunen
eine Stunde lang.
So viele Sterne blinken am Himmel!

**3** Verbinde und setze die Silbenbögen.

| steigen | stark | Sterntaler | Staubsauger |

**4** Ordne die Wörter aus Aufgabe 3 nach: **1 Silbe**, **2 Silben**, **3 Silben**.

**5** Setze die Silbenbögen und schreibe die Wörter auf.

Wörter mit St/st aus dem Grundwortschatz richtig schreiben, Unterschied zwischen Schreibung und Lautung beachten; Wörter nach
Silbenanzahl ordnen; Routine: Silbenbögen setzen

# Wörter mit ng

 **1** Spure **ng** nach.

bringen, eng, Junge, Ring,
singen, Angel, Finger

ng

 **2** Lies und kreise **ng** ein.

Mehmet singt ein Lied. Da kommt Tom und bringt die Angel. Die Jungen gehen Fische fangen. Lena bleibt zurück. Sie will endlich den Ring vom Finger haben. Er ist viel zu eng!

 **3** Verbinde und setze die Silbenbögen.

| Finger | Engelshaar | jung | springen | lang |
|---|---|---|---|---|

 **4** Ordne die Wörter aus Aufgabe 3 nach: **1 Silbe**, **2 Silben**, **3 Silben**.

 **5** Setze die Silbenbögen und schreibe die Wörter auf.

ng als zwei Buchstaben für einen Laut kennenlernen; Wörter mit ng aus dem Grundwortschatz richtig schreiben, Wörter nach Silbenanzahl ordnen; Routine: Silbenbögen setzen

25

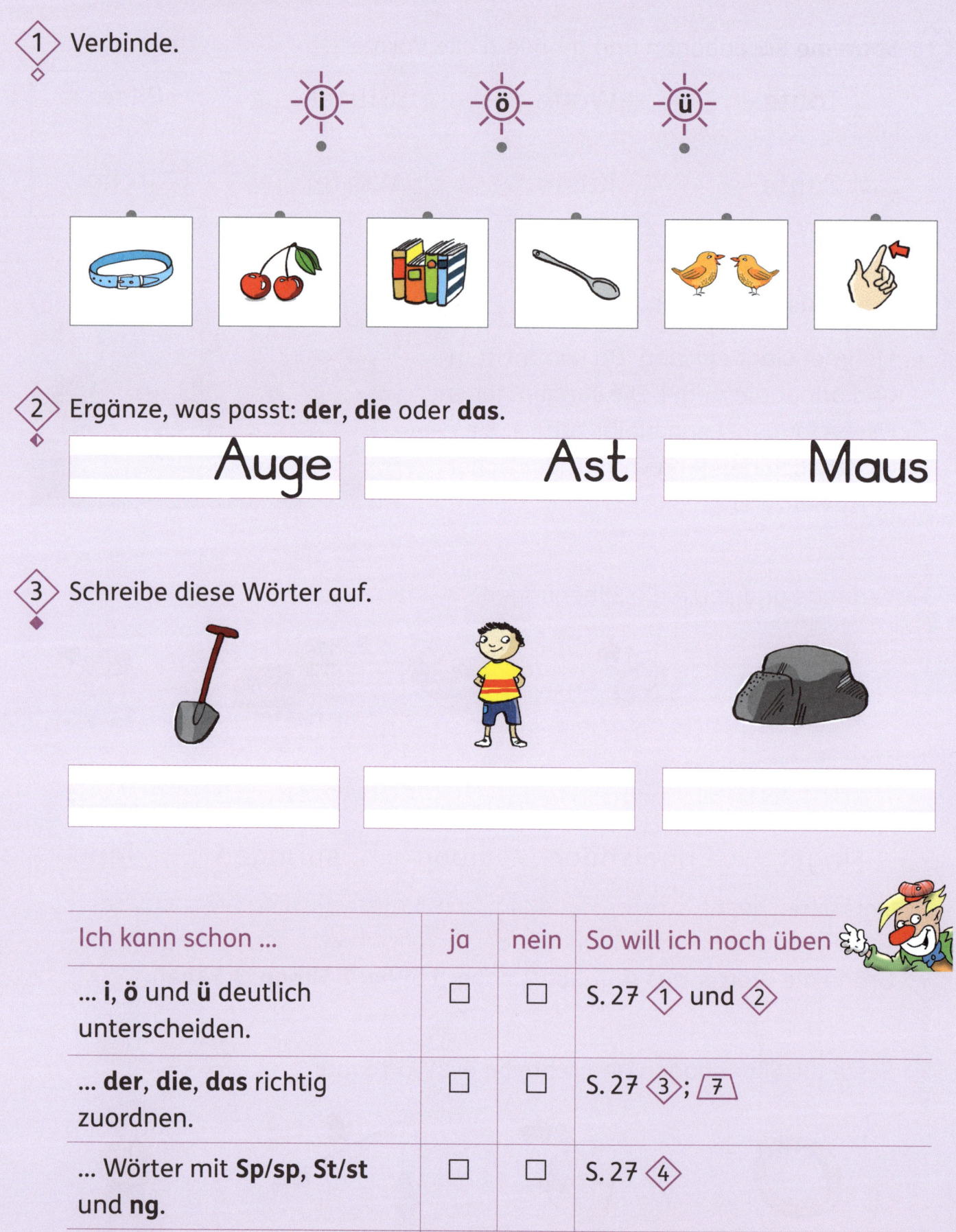

**1** Verbinde.

i    ö    ü

**2** Ergänze, was passt: **der**, **die** oder **das**.

Auge          Ast          Maus

**3** Schreibe diese Wörter auf.

| Ich kann schon ... | ja | nein | So will ich noch üben |
|---|---|---|---|
| ... **i**, **ö** und **ü** deutlich unterscheiden. | ☐ | ☐ | S. 27 ①  und ② |
| ... **der**, **die**, **das** richtig zuordnen. | ☐ | ☐ | S. 27 ③; 7 |
| ... Wörter mit **Sp/sp**, **St/st** und **ng**. | ☐ | ☐ | S. 27 ④ |
| ... alles! | ☺ | 8 | |

Überprüfen des eigenen Lernerfolges zu: Umlauten, Schreibung und Lautung bei Sp/sp, St/st und ng, Großschreibung bei Nomen; angemessene Lern- und Übungsziele setzen: über Lernen sprechen

# Weiterüben nach Test 3

**1** Setze die Silbenbögen und markiere alle Vokale.

| | | | |
|---|---|---|---|
| Töpfe | Wölfe | Gürtel | Pilze |
| Zöpfe | Küste | Würfel | Kirche |

**2** Ordne die Wörter aus Aufgabe 1 nach dem ersten Vokal:
**i, ö, ü**.

| | |
|---|---|
| **i** | |
| **ö** | |
| **ü** | |

**3** Schreibe die Wörter geordnet nach **der**, **die** und **das** auf.

| | | | |
|---|---|---|---|
| das Buch | die Küche | die Blüte | der Koch |
| der Ast | das Haus | der Apfel | die Maus |

**4** Unterstreiche die Wörter, die du im Test 3 falsch geschrieben hattest.
Schreibe sie richtig auf. Markiere die Stolperstelle.

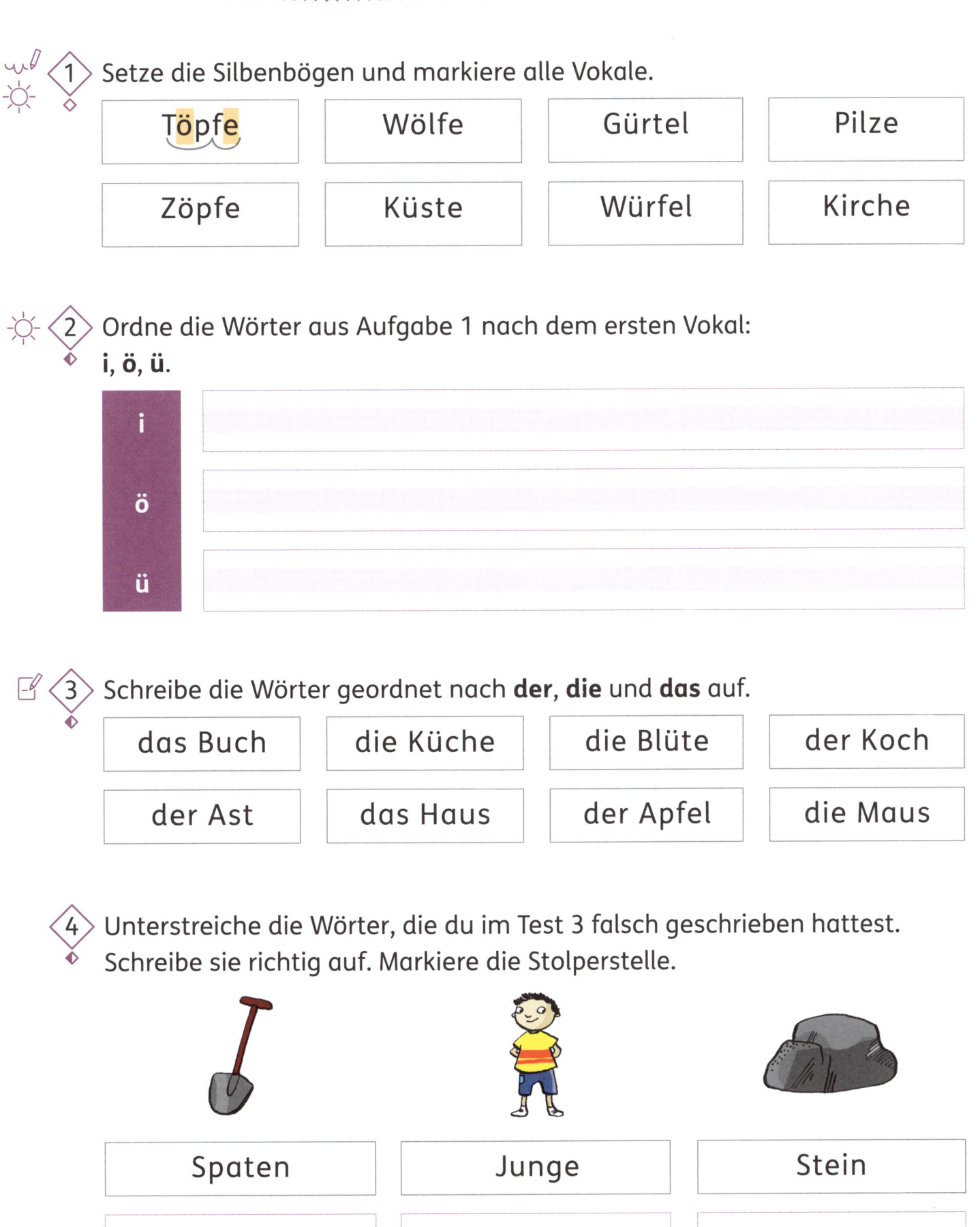

| Spaten | Junge | Stein |
|---|---|---|
| | | |

# Wörter mit B/b und P/p

**1** Sprecht deutlich: Wie klingen **B/b** und **P/p**?

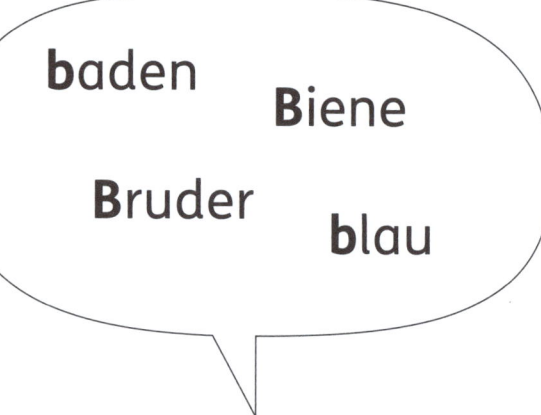

**b**aden **B**iene **B**ruder **b**lau

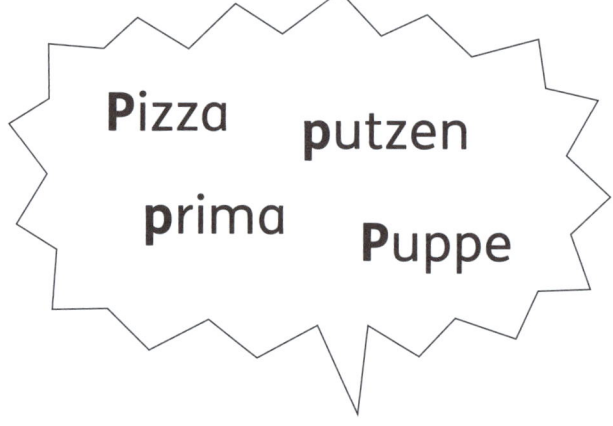

**P**izza **p**utzen **p**rima **P**uppe

**2** Halte beim Sprechen die Hand vor den Mund.
Setze die Silbenbögen und ergänze **B/b** oder **P/p**.

*Prima!*

 __ild

 __rot

 hu__en

 schrei__en

**3** Schreibe die Wörter mit **der**, **die** oder **das** auf. Kreise **B/b** und **P/p** ein.

silbisch und natürlich sprechen, um Klangunterschiede zwischen B/b und P/p wahrzunehmen; sich über Klangwahrnehmungen austauschen (Ko-Konstruktion); Routine: Silbenbögen setzen

# Wörter mit D/d und T/t

**1** Sprecht deutlich: Wie klingen **D/d** und **T/t**?

**d**enken **D**ose
**d**unkel **D**rachen

**T**afel **t**rocken **t**rinken **T**reppe

**2** Halte beim Sprechen die Hand vor den Mund.
Setze die Silbenbögen und ergänze **D/d** oder **T/t**.

 Nu__el

 Lei__er

 __an__e

 In__ianer

 __axi

 Na__el

**3** Schreibe die Wörter mit **der, die** oder **das** auf. Kreise **D/d** und **T/t** ein.

silbisch und natürlich sprechen, um Klangunterschiede zwischen D/d und T/t wahrzunehmen; sich über Klangwahrnehmungen austauschen (Ko-Konstruktion); Routine: Silbenbögen setzen

# Wörter mit G/g und K/k

**1** Sprecht deutlich: Wie klingen **G/g** und **K/k**?

> **g**eben **G**locke **G**itarre **g**rün

> **k**önnen **K**ino **k**lar **K**leid

**2** Halte beim Sprechen die Hand vor den Mund.
Setze die Silbenbögen und ergänze **G/g** oder **K/k**.

 __las

 Wol__e

 Na__el

 __amel

 __ans

 Au__e

**3** Schreibe die Wörter mit **der**, **die** oder **das** auf. Kreise **G/g** und **K/k** ein.

silbisch und natürlich sprechen, um Klangunterschiede zwischen G/g und K/k wahrzunehmen; sich über Klangwahrnehmungen austauschen (Ko-Konstruktion); Routine: Silbenbögen setzen

# Verben und Endungen

 **1** Was tun die Kinder? Schreibe die Wörter passend unter die Bilder.

| lesen | schreiben | turnen |
|---|---|---|

 **2** Was tut ihr gern? Spurt nach. Tauscht euch in der Klasse aus.

**Ich** rechne, spiele, bade, denke, rede,
lerne, turne, male, schreibe, lese,
singe, laufe, hüpfe, tanze **gerne**.

 **3** Setzt die Silbenbögen bei den nachgespurten Wörtern aus Aufgabe 2.
Was fällt euch auf?

 **4** Was hast du herausgefunden? Kreuze an.

☐ Alle Wörter haben zwei Silben.
☐ Alle Wörter enden mit einem **e**.
☐ Die zweite Silbe besteht aus zwei Buchstaben.

 **5** Schreibe auf, was du gerne tust.

*Ich mache gerne Kopfstand.*

Verben (vorbegrifflich) und deren regelmäßige Endung entdecken (Ko-Konstruktion); den regelmäßigen Aufbau der zweiten
Silbe wiederholen: -e; über persönliche Vorlieben schreiben

31

 **1** Setze die Silbenbögen und markiere in jeder zweiten Silbe den Vokal.

| essen | laufen | schreiben | turnen | malen |

| spielen | rechnen | lesen | toben | tanzen |

 **2** Beantwortet die Fragen.

Wie heißt der Vokal in jeder zweiten Silbe? _____

Mit welchem Buchstaben endet jedes Wort? _____

 **3** Was machst du gerne mit deinen Freunden?
Tauscht euch in der Klasse aus.

Schreibe so:  Wir essen gerne. Wir ...

anhand von Verben den regelmäßigen Aufbau der zweiten Silbe wiederholen: –en; Endungen von Verben festigen (Ko-Konstruktion); über die eigene Freizeitgestaltung schreiben

**1** Sprecht und vergleicht die zweite Silbe. Was fällt euch auf?

| Vater | Schwester | Mutter | Oma | Bruder |

**2** Was hast du herausgefunden? Kreuze an.

☐ Die zweite Silbe ist weniger betont.
☐ Das -**er** am Ende klingt ähnlich wie das „a" in „Opa".
☐ Das -**er** am Ende klingt genau wie das „a" in „Opa".

**3** Lies und verbinde. Kreise -**er** ein.

| Schreiner | Fenster | Feder | Bäcker | Bauer |

**4** Welche Wörter enden mit -**er**? Kreuze an.

☐    ☐    ☐    ☐

**5** Schreibt Sätze mit Wörtern mit -**er** auf. Lest sie euch vor.
Wer ein Wort mit -**er** hört, ruft "Stopp!"

Unterschied zwischen Schreibung und Lautung bei der Endsilbe -er beachten; sich über Klangwahrnehmungen austauschen
(Ko-Konstruktion)

# Wörter mit ie

 **1** Setze die Silbenbögen und spure das **ie** nach.

Rie se    Zie ge    Bie ne    sie ben

 **2** Beschreibt genau: Wo steht das **ie**? Tauscht euch in der Klasse aus.

> Das **ie** steht immer am Ende der ersten Silbe:
> *Zie*ge, *fli*egen, *sie*ben.

 **3** Setze die Silbenbögen und ergänze das **ie**.

 l___gen

 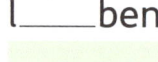 l___ben

 fl___gen

 sp___len

 **4** Setze die Silbenbögen und schreibe die Wörter auf. Markiere das **ie**.

die Regelhaftigkeit des ie am Ende der ersten Silbe kennenlernen; Routine: Silbenbögen setzen, Vokale markieren; Wörter mit ie aus dem Grundwortschatz richtig schreiben

◇ 1 Sprich deutlich. Trage den ersten Buchstaben ein: **B/D/G** oder **P/T/K**.

\_ \_          \_ \_          \_ \_

\_ \_          \_ \_          \_ \_

◆ 2 Was tun Kinder in der Schule? Schreibe die Wörter auf.

◆ 3 Schreibe die Wörter auf.

| Ich kann schon … | ja | nein | So will ich noch üben |
|---|:---:|:---:|---|
| … **B/b, D/d, G/g** und **P/p, T/t, K/k** unterscheiden. | ☐ | ☐ | S. 26 ◇1 ; ⬡8 |
| … das **e** in der zweiten Silbe. | ☐ | ☐ | S. 36 ◇2 ; ⬡3 und ⬡4 |
| … Wörter mit **ie** und **-er**. | ☐ | ☐ | S. 36 ◇3 und ◇4 |
| … alles! | ☺ | | ⬡9 |

Überprüfen des eigenen Lernerfolges zu: Klangunterschieden bei B/b, D/d, G/g und P/p, T/t, K/k, Verben, unbetonter Endsilbe -er, Wörtern mit ie; angemessene Lern- und Übungsziele setzen: über Lernen sprechen

35

**1** Sprich deutlich und spure **B/b**, **D/d**, **G/g** und **P/p**, **T/t**, **K/k** nach.

gelb

Drachen

Gans

blau

Brot

danken

putzen

Tafel

Kleid

Pelz

trinken

Kiste

**2** Spure jede zweite Silbe nach und schreibe die Wörter auf.

schlafen, schneiden, kaufen, lesen

**3** Setze die Silbenbögen und markiere das **ie**. Kreise -**er** ein.

| sieben | Feder | spielen | Winter | liegen |
| Bruder | Wiese | Schwester | Ziege | Fenster |

**4** Unterstreiche die Wörter, die du im Test 4 falsch geschrieben hattest.
Schreibe sie richtig auf. Markiere die Stolperstelle.

| Biene | Fenster | Wiese | Opa |
| | | | |

Vertieftes Üben zu: Klangunterschieden bei B/b, D/d, G/g und P/p, T/t, K/k, zweiter Silbe von Verben, Wörtern mit ie und Endsilbe -er

# Wörter mit Pf/pf

**1** Spure **Pf/pf** nach.

**2** Verbinde und setze die Silbenbögen.

 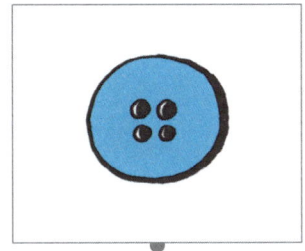  

| Pfote | Pflaume | Pfeifenkopf | Knopf |

**3** Markiere in den Wörtern aus Aufgabe 2 die Vokale.

**4** Ordne die Wörter aus Aufgabe 2 nach: **1 Silbe**, **2 Silben**, **3 Silben**.

**5** Setze die Silbenbögen und schreibe die Wörter auf.

Wörter mit Pf/pf aus dem Grundwortschatz richtig schreiben; Wörter nach Silbenanzahl ordnen; Routine: Silbenbögen setzen, Vokale markieren

37

## Wörter mit nk

 **1** Spure **nk** nach.

Bank, danken, denken

trinken, dunkel, Onkel

nk

**2** Verbinde und setze die Silbenbögen.

| denken | krank | Geschenk | Bankräuber |

 **3** Markiere in den Wörtern aus Aufgabe 2 die Vokale.

 **4** Ordne die Wörter aus Aufgabe 2 nach: **1 Silbe**, **2 Silben**, **3 Silben**.

 **5** Setze die Silbenbögen und schreibe die Wörter auf.

Wörter mit nk aus dem Grundwortschatz richtig schreiben; Wörter nach Silbenanzahl ordnen; Routine: Silbenbögen setzen, Vokale markieren

**1** Setze die Silbenbögen und markiere die Vokale in jeder ersten Silbe.

| Tafel | Tante | Wolke | Dose |
| Möwe | Möpse | Bügel | Bündel |
| Fenster | Feder | Hunde | Tube |
| Riese | Rinde | | |

**2** Ordne die Wörter aus Aufgabe 1.
Schreibe sie getrennt auf.

*Wie klingt der erste Vokal: lang und deutlich oder kurz und undeutlich?*

Ta-fel

Klangunterschiede der Vokale wiederholen; vorbegrifflich offene und geschlossene Silbe unterscheiden; Routine: Silbenbögen setzen, Vokale markieren

39

## Zweite Silbe: Wiederholung

**1** Setze die Silbenbögen und markiere in jeder zweiten Silbe den Vokal.
Was ist in jeder zweiten Silbe gleich? _____

| | | | | |
|---|---|---|---|---|
| Fenster | Nadel | Geige | Schwester | Gabel |

| | | | | |
|---|---|---|---|---|
| Pinsel | Feder | Winter | Besen | Flöte | Hupe |

| | | | | |
|---|---|---|---|---|
| Rabe | Kuchen | Nebel | Daumen | Regen |

**2** Ordne die Wörter aus Aufgabe 1 nach: **-e**, **-el**, **-en** und **-er**.

*Vergleicht mit Seite 13–15 und 32/33.*

**3** Schreibe die Wörter der Aufgabe 1 mit **der**, **die** oder **das** auf.

**4** Was haben diese Wortpaare gemeinsam? Erklärt.

| | | | |
|---|---|---|---|
| Kuchen | suchen | Regen | legen |

*Groß oder klein?*

Regelmäßigkeit der zweiten Silbe wiederholen; Ko-Konstruktion: Sprache erklären – bisherige Erkenntnisse und Strategien bei der Sprachuntersuchung selbstständig anwenden

**1** Sprich, setze die Silbenbögen und kreise das **r** ein.

| Kirche | dürfen | Würfel | turnen |
|---|---|---|---|
| Garten | Birne | Würste | lernen |

**2** Schreibt drei weitere Wörter aus Aufgabe 1 getrennt auf. Kreist das **r** ein.
An welcher Stelle steht das **r**?

Bir-ne,

**3** Was hast du herausgefunden? Kreuze an.

☐ Das **r** steht nach dem ersten Vokal.

☐ Das **r** steht am Ende der ersten Silbe.

☐ Das **r** steht am Anfang der zweiten Silbe.

**4** In welchen Wörtern gibt es ein schwer hörbares **r**? Kreuze an.

☐   ☐ 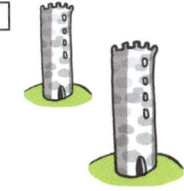  ☐ 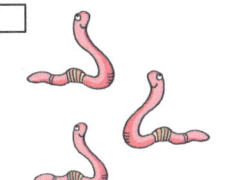  ☐   ☐

Wörter mit vokalisiertem r aus dem Grundwortschatz schreiben, Unterschied zwischen Schreibung und Lautung beachten;
Sprache untersuchen (Ko-Konstruktion)

41

## Doppelkonsonant: Abschluss der Silbe

 **1** Lies und markiere die doppelten Buchstaben.

Es ist Sommer.
Jemand hat seinen Füller in der Klasse vergessen.
Aber niemand muss heute zur Schule.
Der Himmel ist blau und die Sonne scheint.
Die Kinder wollen zum Wasser. Ein Junge fährt Roller.
Alle können schwimmen.

 **2** Schreibe aus dem Text alle Wörter mit doppelten Buchstaben auf.

Setze die Silbenbögen und markiere die Vokale in jeder

ersten Silbe: .

*Die Silbenbögen kommen zwischen den doppelten Buchstaben!*

**3** Sprecht die Wörter mit doppelten Buchstaben deutlich.
Was fällt euch auf?

**4** Was hast du herausgefunden? Kreuze an.

☐ In der ersten Silbe klingt der Vokal lang und deutlich.
☐ In der ersten Silbe klingt der Vokal kurz und undeutlich.
☐ In der Mitte des Wortes stehen immer zwei gleiche Buchstaben.

Doppelkonsonant in der Wortmitte kennenlernen; Sprache untersuchen, sich über Klangwahrnehmungen austauschen
(Ko-Konstruktion)

# Wörter mit besonderen Buchstaben

 **1** Kreise die besonderen Buchstaben in den Wörtern ein.

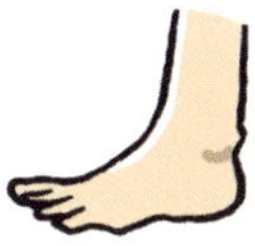

| | | | |
|---|---|---|---|
| Fuß |  | groß | ß |
| Quadrat |  | Quatsch | Qu |
| Hexe |  | Taxi | x |
| sitzen / Satz |  | Katze | tz |
| dick |  | backen | ck |

 **2** Schreibe alle Wörter aus Aufgabe 1 auf.

> *Diese besonderen Buchstaben kommen nur selten vor. Merke dir die Wörter.*

 **3** Unterstreiche alle Wörter aus Aufgabe 1, zu denen **der**, **die** oder **das** passt. Schreibe sie geordnet in eine Tabelle.

auf Wörter mit Rechtschreibbesonderheiten aufmerksam werden; Nomen und Artikel wiederholen

# Wörter mit besonderen Buchstaben: Fremdwörter

**1** Wie klingt der besondere Buchstabe? Sprich und verbinde.

*Diese Buchstaben sehen gleich aus, klingen aber unterschiedlich.*

| **y** klingt wie „i" bei: Handy | **y** klingt wie „ü" bei: Ypsilon | **y** klingt wie „j" bei: Yak |
|---|---|---|

Zylinder    Pony    Yoga    Olympia    Baby

| **V/v** klingt wie „f" bei: Vogel | **V/v** klingt wie „w" bei: Vase |
|---|---|

viel    Vater    Vampir    Vulkan    vor

| **C** klingt wie „s" bei: Cent | **C** klingt wie „k" bei: Comic |
|---|---|

Clown    Computer    Creme

**2** Kreise bei den Wörtern aus Aufgabe 1 die besonderen Buchstaben ein. Schreibe die Wörter auf.

**3** Unterstreiche alle Wörter aus Aufgabe 1, zu denen **der**, **die** oder **das** passt. Schreibe sie geordnet in eine Tabelle.

auf Unterschiede zwischen Schreibung und Lautung bei Wörtern mit Rechtschreibbesonderheiten aufmerksam werden; Nomen und Artikel wiederholen

## Test 5: Vokalisiertes r, Doppelkonsonant, besondere Buchstaben

**1** Was ist besonders in diesen Wörtern? Kreise die Stellen ein.

| Klasse | dick | groß | Füller | Katze | Quadrat |
|---|---|---|---|---|---|

**2** Setze die Silbenbögen.

| Garten | Birne | turnen | lernen | warten |
|---|---|---|---|---|

**3** In welchen Wörtern gibt es ein schwer hörbares **r**? Kreuze an.

☐　　☐　　☐　　☐　　☐

**4** Schreibe die Wörter mit **Pf/pf**, **ng** und **nk** auf.

| Ich kann schon … | ja | nein | So will ich noch üben |
|---|---|---|---|
| … Wörter mit schwierigen Stellen. | ☐ | ☐ | S. 46 ◇1; ◻10 |
| … das schwer hörbare **r** erkennen. | ☐ | ☐ | S. 46 ◇2 |
| … Wörter mit **Pf/pf** und **nk**. | ☐ | ☐ | S. 46 ◇3; ◻8 |
| … alles! | ☺ | | S. 46 ◇4 |

Überprüfen des eigenen Lernerfolges zu: vokalisiertem r, Doppelkonsonant, Sonderschreibung, Schreibung und Lautung bei Pf/pf und nk; angemessene Lern- und Übungsziele setzen: über Lernen sprechen

1 Schreibe die Wörter richtig auf.

| | | | |
|---|---|---|---|
| Himmel | Fuß | backen | Satz |
| Quadrat | viel | Hexe | sitzen |
| Vater | Pony | Katze | groß |

2 Spure jede erste Silbe nach.

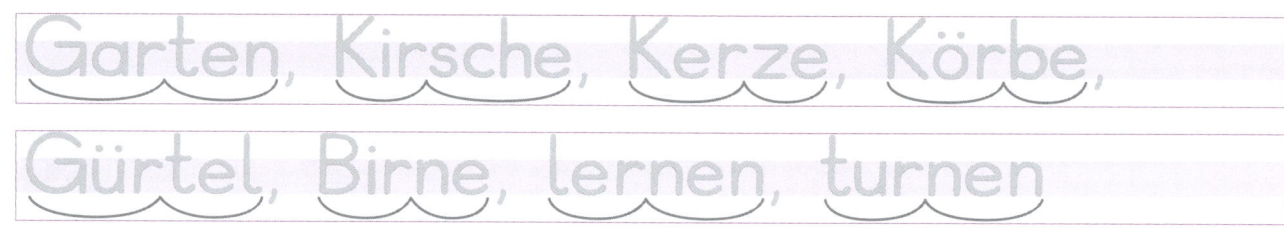

Garten, Kirsche, Kerze, Körbe,

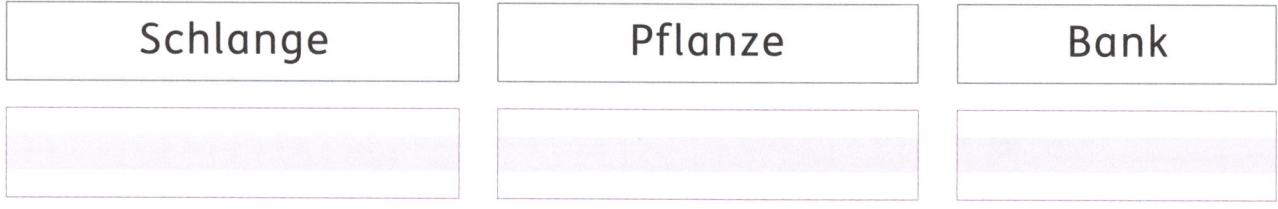

Gürtel, Birne, lernen, turnen

3 Unterstreiche die Wörter, die du im Test 5 falsch geschrieben hattest.
Schreibe sie richtig auf. Markiere die Stolperstellen.

| Schlange | Pflanze | Bank |
|---|---|---|
| | | |

4 Denke dir eine Geschichte vom kleinen Küken oder dem eitlen Pfau oder
der gefährlichen Schlange aus. Schreibe sie auf.

Vertiefendes Üben zu: vokalisiertem r, Wörtern mit Rechtschreibbesonderheiten, Doppelkonsonanten, Pf/pf und nk;
kurze Geschichte zu Bildimpuls schreiben

# Abc-Wörterverzeichnis

**A**

die Ameise
die Angel
antworten
der Apfel,
    die Äpfel
arbeiten
der Arm
der Ast,
    die Äste
auf
die Aufgabe
das Auge
das Auto

**B**

das Baby
backen, bäckt
baden
die Banane
die Bank,
    die Bänke
der Baum,
    die Bäume
das Bein
der Besen
biegen
die Biene
das Bild
die Birne
blau
bleiben
die Blume
die Blüte
böse
brauchen
braun
bringen
das Brot

die Brotzeit-
dose
der Bruder,
    die Brüder
der Bub
das Buch,
    die Bücher
bunt
die Butter

**C**

der Cent
der Clown
das Comic
der Computer
die Creme

**D**

da
danken
das
denken
der
dick
die
die Dose
drei
das Dreieck
du
dunkel
dürfen, darf

**E**

das Ei
ein, eine
das Eis
das Ende
eng
die Ente

der Esel
essen, isst
der Euro

**F**

die Feder
fein
das Fenster
finden
der Finger
die Fleder-
maus,
    die Fleder-
    mäuse
die Fliege
fliegen
die Flöte
fragen
die Frau
der Freund
frisch
der Füller
der Fuß,
    die Füße

**G**

die Gabel
die Gans,
    die Gänse
der Garten,
    die Gärten
geben, gibt
die Geige
gelb
das Gemüse
gesund
die Gitarre
das Glas,
    die Gläser

das Gras,
    die Gräser
groß
grün
der Gürtel
gut

**H**

haben, hat
das Handy
der Hase
das Haus,
    die Häuser
die Hexe
der Himmel
hoch
holen
hören
die Hose
der Hund
hupen
hüpfen
der Hut,
    die Hüte

**I**

ich
im
in
der Indianer
ist

**J**

der Junge

**K**

das Kamel
die Katze

das Kind
die Kirche
die Kirsche
die Kiste
die Klasse
das Kleid
klein
der Koch,
    die Köche
der König
können, kann
der Kopf,
    die Köpfe
krank
der Kranken-
wagen,
    die Kran-
    kenwagen
das Krokodil
der Kuchen
die Küste

**L**

das Lama
laufen, läuft
laut
leben
legen
lesen, liest
leicht
leise
die Leiter
lernen
die Leute
lieben
liegen
der Löffel
der Löwe

# Abc-Wörterverzeichnis

**M**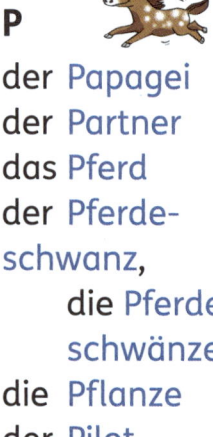

machen
das Mädchen,
  die
    Mädchen
malen
die Maus,
  die Mäuse
die Möwe
müssen, muss
die Mutter,
  die Mütter
die Mütze

**N**

die Nadel
der Nagel
der Name
die Nase
der Nebel
die Nudel

**O**

Olympia
die Oma
der Onkel
der Opa

**P**

der Papagei
der Partner
das Pferd
der Pferde-
  schwanz,
    die Pferde-
    schwänze
die Pflanze
der Pilot
der Pinsel

das Pony
die Prinzessin,
  die Prin-
    zessinnen
der Pudel

**Qu**

das Quadrat
der Quatsch
die Quelle

**R**

der Rabe
die Raupe
rechnen
reden
der Regen
reisen
riechen
der Riese
der Ring
rollen
die Rose
rot
das Ruder
rufen

**S**

sagen
das Salz
der Satz,
  die Sätze
das Schaf
die Schaufel
die Schaukel
scheinen
die Schere
schlafen,
  schläft

die Schlange
schneiden
schön
schreiben
die Schule
schwarz
die Schwester
die Seife
sieben
sind
singen
sitzen
sollen
der Sommer
die Sonne
sparen
der Spaten
der Specht
spielen
der Spinat
der Sport
sprechen,
  spricht
die Spur
der Stein
der Stempel
der Stern
der Stift
der Storch,
  die Störche
die Stufe
die Stunde
suchen

**T**

der Tag
die Tafel
die Tante
tanken
tanzen

die Tasche
der Taucher
das Taxi
das Telefon
der Tisch
toben
die Tomate
die Treppe
trinken
tun, tut
der Turm,
  die Türme
turnen

**U**

üben
über
und

**V**

der Vampir
die Vase
der Vater,
  die Väter
viel, viele
der Vogel,
  die Vögel
vor
der Vulkan

**W**

warten
das Wasser
der Weg
die Wiese
der Wind
die Windel
winken
der Winter

die Woche
der Wolf,
  die Wölfe
die Wolke
wollen, will
das Wort,
  die Wörter
wünschen
der Wurm,
  die
    Würmer
die Wurst,
  die Würste
die Wüste

**Y**

der Yak
das Yoga
das Ypsilon

**Z**

der Zauberer
das Zebra
zeigen
die Zeit
die Ziege
zwei
der Zylinder